Ingrid Zimmermann

Beckenbodentraining

Anleitung und Übungen zur Prophylaxe und Rehabilitation bei Streßinkontinenz

Vorwort
Professor Dr. Hansjörg Melchior, Kassel

schlütersche

Die Deutsche Bibliothek – CIP-Einheitsaufnahme

Zimmermann, Ingrid:
Beckenbodentraining: Anleitung und Übungen zur Prophylaxe und Rehabilitation bei Streßinkontinenz/Ingrid Zimmermann. Vorw. Hansjörg Melchior. – [Unveränd. Nachdr.]. – Hannover: Schlütersche, 1994
ISBN 3-87706-292-X

Anschrift der Autorin:
Ingrid Zimmermann
Harvester Str. 26
46286 Dorsten

Gesellschaft für Inkontinenzhilfe e. V.
Städtische Kliniken Kassel
Mönchebergstr. 41/43
34125 Kassel

Druck: Schlütersche Verlagsanstalt und Druckerei GmbH & Co.,
Hans-Böckler-Allee 7, 30173 Hannover.

Inhaltsverzeichnis

Literatur
Hollo, A.: Probleme mit der Blasen- und Darmkontrolle. Stuttgart, 1984.
Gotved, H.: Harninkontinenz ist überwindbar. Stuttgart 1983.

Vorwort

Inkontinenz ist nicht nur ein medizinisches, sondern zugleich ein soziales und hygienisches Problem, von dem in der Bundesrepublik Deutschland über 3,5 Millionen Menschen betroffen sind. Inkontinenz ist eine Krankheit, deren äußeres Symptom der Verlust der Fähigkeit ist, Harn und Stuhl zu speichern und willkürlich kontrolliert auszuscheiden.

Inkontinenz wird im allgemeinen als eine Folge der Störung der Schließmuskelfunktion angesehen. Mindestens ebenso häufig ist aber der eigentliche Blasenmuskel für eine Inkontinenz verantwortlich, indem er durch Überaktivität die Verschlußkraft des Schließmuskels überfordert und trotz guter Schließmuskelfunktion den Urin austreibt. Entscheidend für die Harnkontinenz während der Ruhe- und Speicherphase und die kontrollierte restharnfreie Blasenentleerung während der Miktionsphase ist das koordinierte Zusammenspiel des Speicher- und Austreibungsorgans (Blasenmuskel) mit dem Sphinctermechanismus. Dieses Zusammenspiel wird durch übergeordnete Nervenzentren und -bahnen gesteuert und unterliegt der Kontrolle des Bewußtseins in der Großhirnrinde. Angeborene oder erworbene Störungen setzen das Gleichgewicht der Steuerungsfunktionen außer Kraft und führen zur Inkontinenz.

Inkontinenz ist ein Leiden, welches den Betroffenen aus ästhetischen und hygienischen Gründen in die Isolation drängt. Es ist dem Patienten peinlich, mit Angehörigen, Freunden oder dem Arzt über diese Probleme zu reden. Die Inkontinenz ist noch immer in der Tabuzone des Schamgefühls eingeschlossen. Auch viele Ärzte stehen dem Problem hilflos gegenüber.

Es ist das Verdienst von Ingrid Zimmermann, gerade die Möglichkeiten der Prophylaxe und Rehabilitation der Streßinkontinenz durch gezieltes Beckenbodentraining erarbeitet zu haben. In dem vorliegenden Buch werden die anatomischen und patho-physiologischen Grundlagen, die Ursachen der Streßinkontinenz sowie die Technik des gezielten Beckenbodentrainings dargelegt.

Kassel, *Prof. Dr. med. Hansjörg Melchior*
im April 1989

Einleitung

Die Inkontinenz und insbesondere die sogenannte Anstrengungsinkontinenz kommt in allen Schweregraden und bei allen Altersstufen vor. Von der leichten Form können schon Frauen ab etwa 20 Jahren betroffen sein. Bei hochgradigen Beschwerden wird eine Operation erforderlich, bei der der obere Teil der Harnröhre und die Blase wieder angehoben werden.

Dieser Eingriff wird in der Bundesrepublik Deutschland jährlich an mehr als 10.000 Frauen vorgenommen. In vielen Fällen wäre eine Operation nicht notwendig gewesen – hätten die Patientinnen früh genug mit einem prophylaktischen (vorbeugenden) Beckenbodentraining begonnen.

Wie einfach diese spezielle Gymnastik durchzuführen ist und mit welch geringem Aufwand sie betrieben werden kann, soll Ihnen im folgenden veranschaulicht werden. Großen Wert haben wir dabei auf die Darstellung der theoretischen Grundlagen des Beckenbodentrainings gelegt. Denn wenn Sie die anatomischen Hintergründe Ihrer Probleme kennen, werden Sie merken, daß Sie ihnen keineswegs ausgeliefert sind und von sich aus sehr viel zu ihrer Behebung beitragen können.

Teil I: Warum Inkontinenz entsteht und wie das Beckenbodentraining Abhilfe schaffen kann

1. (K)ein peinliches Thema

Früher wurde über das Thema »Unfreiwilliger Harnabgang« – wenn überhaupt – nur sehr verschämt geredet. Am liebsten verdrängte und verschwieg man das Problem aus Angst, mit einem Kleinkind gleichgesetzt zu werden, das seinen Stuhl- und Harnabgang nicht zu kontrollieren vermag.
Gerade ältere Menschen wurden durch dieses Unvermögen häufig nicht nur körperlich, sondern auch geistig auf die Stufe des unselbständigen Kindes herabgewürdigt, da andere für ihre »Sauberkeit« zu sorgen hatten.
Mit Schweigen ist dieses Problem auch heute nicht zu lösen. Vielmehr muß man bereit sein, dies Thema offen anzusprechen. Um Hemmungen abzubauen und das Gespräch zu erleichtern, ist es für die Betroffenen wichtig, über ihre Erkrankung Bescheid zu wissen und wichtige Begriffe zu kennen. Das vorliegende Buch soll Ihnen dabei eine Hilfe sein, damit Inkontinenz in Zukunft kein peinliches Thema für Sie ist.

2. Die richtige Wortwahl vermittelt ein Gefühl der persönlichen Sicherheit

Schon die Wortwahl spielt eine wichtige Rolle, um Minderwertigkeitsgefühlen vorzubeugen, wenn Sie z. B. bei Ihrem Arzt oder einer Beratungsstelle Hilfe suchen.
Damit Sie nicht so unglückliche Formulierungen wie »ich mache mir in die Hose« o. ä. gebrauchen müssen, sollten Sie sich den medizinischen Fachausdruck für »Unfreiwillige Harnabsonderung« *Inkontinenz* merken.

Da man in unserer Zeit eigentlich über alles reden kann, sollten Sie ganz selbstbewußt sagen: »Ich leide an Inkontinenz.«
Es gibt verschiedene Formen der Inkontinenz. Am häufigsten tritt die Anstrengungs- oder Streßinkontinenz auf. Sie ist gleichzeitig die leichteste Form der Inkontinenz, der mit Beckenboden-Training (BB-Training) leicht vorzubeugen ist. Aus diesem Grunde erklären wir das BB-Training an dieser Inkontinenzform.
Auch zur Unterstützung und Rehabilitation (Wiedererlangung der Gesundheit) ist diese Gymnastik bestens geeignet und in leichten Fällen sogar als einzige therapeutische Maßnahme ausreichend. Bei verschiedenen Mischformen der Inkontinenz, die einer zusätzlichen medikamentösen Behandlung bedürfen, sollte das BB-Training ebenfalls unbedingt durchgeführt werden.

3. *Was versteht man unter BB-Training?*

Als BB-Training bezeichnet man eine besondere Form der Gymnastik. Sie wurde dazu entwickelt, die BB-Muskulatur zu stärken und zu straffen.

4. *Kleine Einführung in die Anatomie der Bauch- und Beckenregion*

Damit Sie besser verstehen können, warum die Streßinkontinenz auftritt, wenn Sie z. B. husten, niesen oder lachen müssen, wenn Sie laufen oder springen, sind die Kenntnisse der wichtigsten anatomischen Zusammenhänge sehr nützlich. Sie dienen als Grundlage für das spätere Abtasten und Hinspüren am eigenen Körper. Der Beckenboden trägt und unterstützt die inneren Organe. Ein schlaffer Beckenboden kann die Ursache sein, daß sich die Organe des Unterleibs senken und es dadurch zu Beschwerden kommt. Außerdem hat der Beckenboden die Aufgabe, bei Entleerung von Urin und Stuhl nachzugeben und die Ausgangspforten der Harnröhre und des Darmes zu öffnen, um sie danach wieder fest zu verschließen. Kann der Beckenboden diese Aufgabe nicht mehr erfüllen, kommt es zur Inkontinenz.

4.1. Das knöcherne Becken

Die Abbildung 1 zeigt das knöcherne Becken, als würden Sie von oben in Ihr eigenes Becken hineinsehen. (Die Sitzbeinhöcker sind nicht eingezeichnet.)

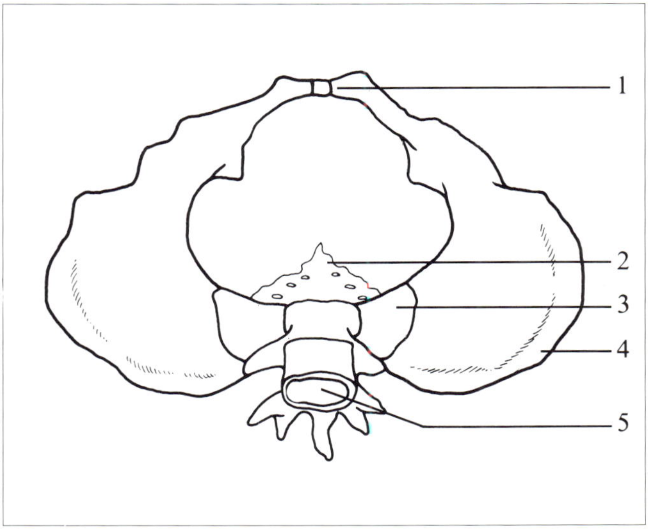

Abb. 1: Das knöcherne Becken. 1 = Schambein, 2 = Steißbein, 3 = Kreuzbein, 4 = Beckenkamm, 5 = Wirbel.

Aus der folgenden Abbildung 2 eines menschlichen Skelettes können Sie den Aufbau des Beckens ersehen.

Versuchen Sie, die einzelnen Teile Ihres Beckens mit den Händen abzutasten: vorn das Schambein, seitlich die Beckenkämme, hinten

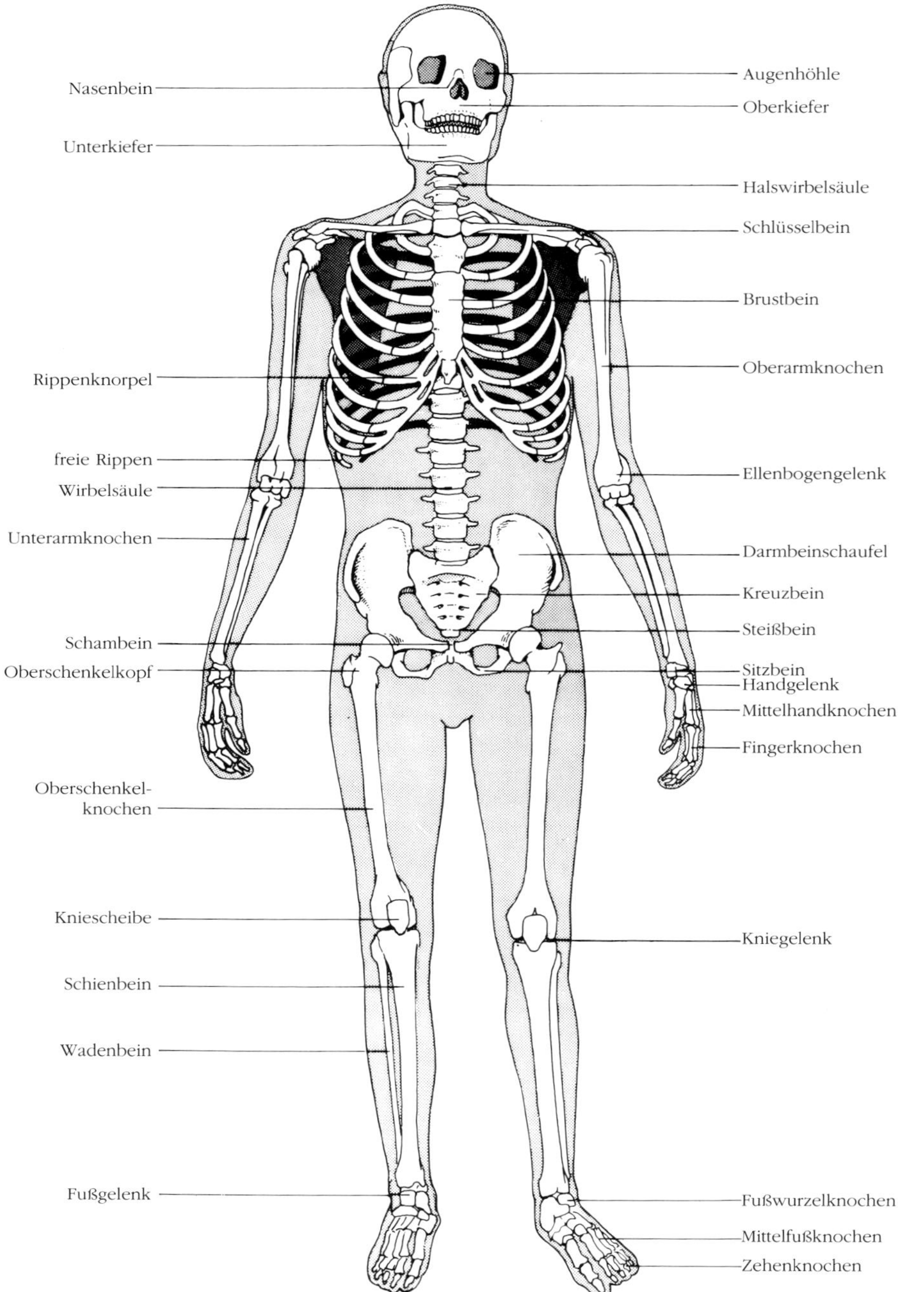

Abb. 2: Das Skelett des Menschen.

das Kreuzbein und etwa 10 cm darunter liegend das Steißbein. Setzen Sie sich auf Ihre Hände, können Sie die Sitzbeinhöcker als zwei spitze Knochen erspüren. (Vgl. Abb. 2 Sitzbeinhöcker)

4.2. Die Muskulatur des Beckenbodens

Der Bauchraum wird nach oben durch das Zwerchfell und nach unten durch die Muskulatur des Beckenbodens begrenzt. (Vgl. Abb. 3)
Die zwischen diesen Begrenzungen liegende Muskulatur von Bauch, Rücken und Gesäß können Sie sich ebenfalls durch Abtasten bewußt machen.

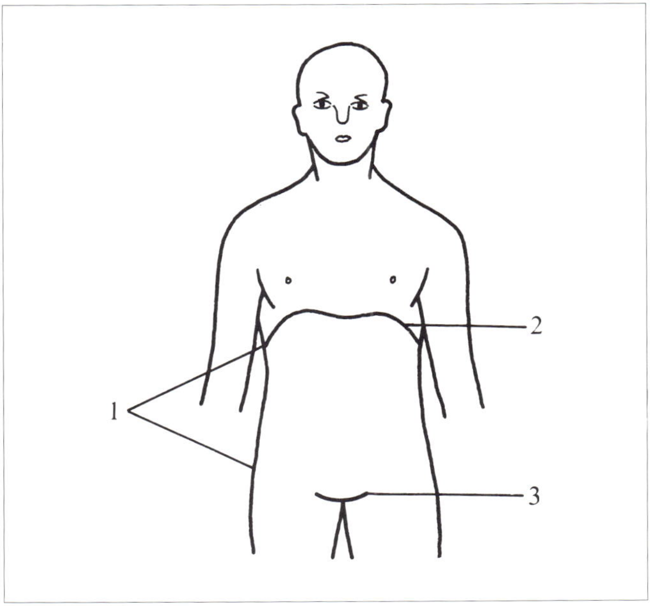

Abb. 3: Die Muskulatur des Beckenbodens und das Zwerchfell begrenzen den Bauchraum. 1 = Bauchraum, 2 = Zwerchfell, 3 = Beckenboden.

Schwieriger wird es, einen Begriff von den Muskeln des Beckenbodens zu bekommen, die nicht so einfach zu erspüren oder äußerlich abzutasten sind.
Betrachtet man die BB-Muskulatur von oben, ist eine schlüsselförmige Muskelplatte zu sehen,

deren Fasern in verschiedene Richtungen verlaufen.

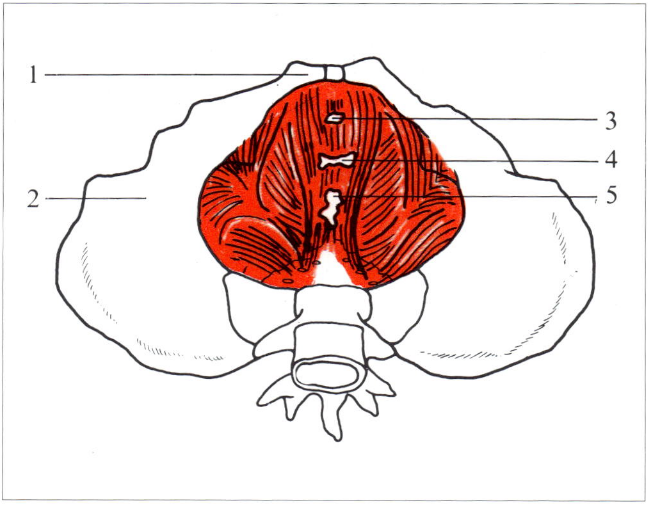

Abb. 4: BB-Muskulatur von oben. 1 = Schambein, 2 = Beckenkamm, 3 = Austritt Harnröhre, 4 = Austritt Scheide, 5 = Austritt After.

Die schwächsten Stellen mit der größten Belastung sind doppelt gesichert. Auf Abbildung 4 können Sie diesen Muskelstrang erkennen, der sich vom Schambein zum Steißbein erstreckt und die Austrittsstellen von Harnröhre, Scheide und After verstärkt.

Seitlich gesehen bildet die Muskulatur zum After hin einen Trichter. Betrachtet man ihren Faserverlauf, wird verständlich, daß der Beckenboden durch Anspannen der Muskelfasern kräftig angehoben werden kann. Außerdem kann man die Schließmuskeln der Harnröhre und des Afters deutlich erkennen. (Vgl. Abb. 5). In ihnen verlaufen die Fasern ringförmig, so daß sie bei Anspannung abschnürend, unterbindend wirken.

4.3. *Die BB-Muskeln gehorchen dem Willen*

Die gesamte Muskulatur im Beckenboden läßt sich willkürlich steuern, d. h., wir können sie bewußt zusammenziehen oder lockerlassen. (Anders ist es z. B. mit der Darmmuskulatur. Sie ist unserem Willen nicht unterworfen). Sie können Ihre Muskeln daher dazu bringen, wieder das zu tun, wozu sie eigentlich da sind.
Das erfordert allerdings etwas Geduld.
Lassen Sie sich also nicht entmutigen, wenn zu Beginn der Übungen Ihre BB-Muskeln Ihrem Willen noch nicht ganz gehorchen wollen. Hier gilt dasselbe Prinzip wie bei jeder Gymnastik oder Sportart: Je häufiger und intensiver man trainiert, um so größer wird der Erfolg.

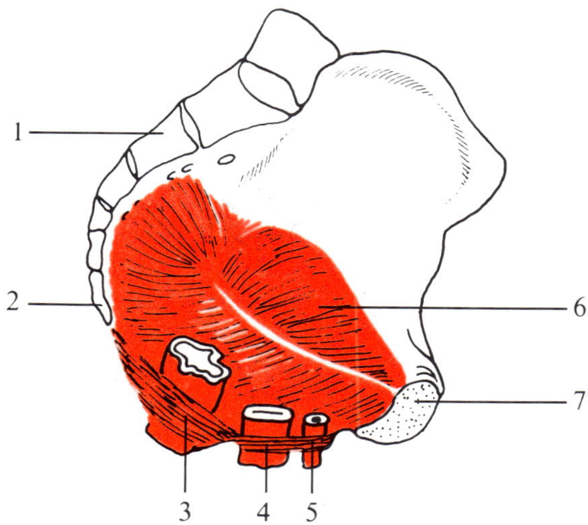

Abb. 5: BB-Muskulatur von der Seite. 1 = Kreuzbein, 2 = Steißbein, 3 = Willkürliche Ringmuskulatur des Afters, 4 = Willkürliche Ringmuskulatur der Scheide, 5 = Willkürliche Ringmuskulatur der Harnröhre, 6 = Beckenbodenmuskulatur, 7 = Schambein.

Damit Sie ein Gespür dafür bekommen, welche Muskeln beim BB-Training angespannt werden sollen, machen Sie bitte die folgende Übung: Nehmen Sie die Stellung ein, wie auf der Abbildung 6 dargestellt. In Rückenlage wird bei aufgestellten Beinen das Becken vom Boden abgehoben. Gibt man dabei Druck auf den Vorfuß,

Abb. 6:
Anspannung
der Muskeln
in Rückenlage.

spannt sich die Muskulatur in den Beinen, im Gesäß und auch im Beckenboden an. Legen Sie eine Hand zwischen die Beine auf die darunterliegende Muskulatur und spüren Sie, wie sich die Muskeln in diesem Bereich zusammenziehen. Sollte es Ihre körperliche Verfassung nicht erlauben, diese Übung durchzuführen, können Sie bei der Harn- oder Stuhlentleerung darauf achten, wie Sie Ihre Beckenbodenmuskeln dabei willkürlich betätigen können. Hilfreich ist es, wenn man während der Harnentleerung den Strahl mehrmals unterbricht. Nach erfolgter Harnentleerung ist durch ein kurzes Pressen gut zu spüren, wie sich der Beckenboden nach unten senkt.

4.4. *Das Zwerchfell*

Durch Auflegen der Hände auf die unteren Rippenbögen kann man die Begrenzung des Bauchraumes nach oben ertasten. Darunter befindet sich das Zwerchfell. Auf der Abbildung 3 können Sie erkennen, wie sich das Zwerchfell in Ruhestellung, d. h. bei der Ausatmung, in den Brustraum wölbt.

Die Abbildung 7 zeigt das Zwerchfell als einen großen Muskel, der rundherum an der untersten Kante der Rippen befestigt ist. In der Mitte befindet sich eine Sehnenplatte.

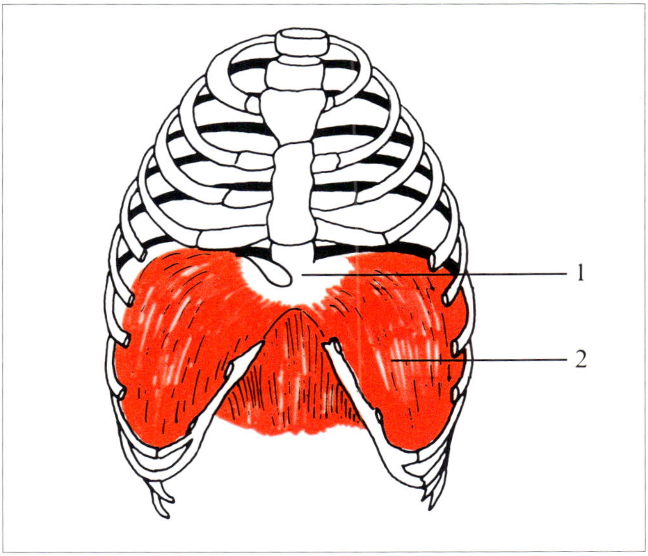

Abb. 7:
Das Zwerchfell.
1 = Sehnenplatte,
2 = Zwerchfell.

Um ein Gespür für die Bewegung des Zwerchfells zu bekommen, sprechen Sie bitte ein lautes »P«, »T« oder »K«. Legen Sie dabei eine Hand auf den Oberbauch, können Sie das Zusammenziehen des Zwerchfells bei dieser »gesprochenen« Ausatmung deutlich fühlen.

4.5. *Die Veränderung der Druckverhältnisse bei der Ein- und Ausatmung*

Bei der Einatmung zieht sich der Zwerchfellmuskel zusammen und flacht dabei ab, um der eintretenden Luft im Brustraum mehr Platz zu geben. Dadurch aber wird der Bauchraum kleiner und der Druck auf die Organe folglich größer.

Entweicht die Luft bei der Ausatmung aus dem Brustraum, hat das Zwerchfell wieder Platz, sich in den Brustraum zu wölben. Es entspannt sich, und der Druck im Bauchraum wird wieder verringert. Auf der Abbildung 8 sehen Sie die unterschiedlichen Stellungen des Zwerchfells während der Ein- und Ausatmung.

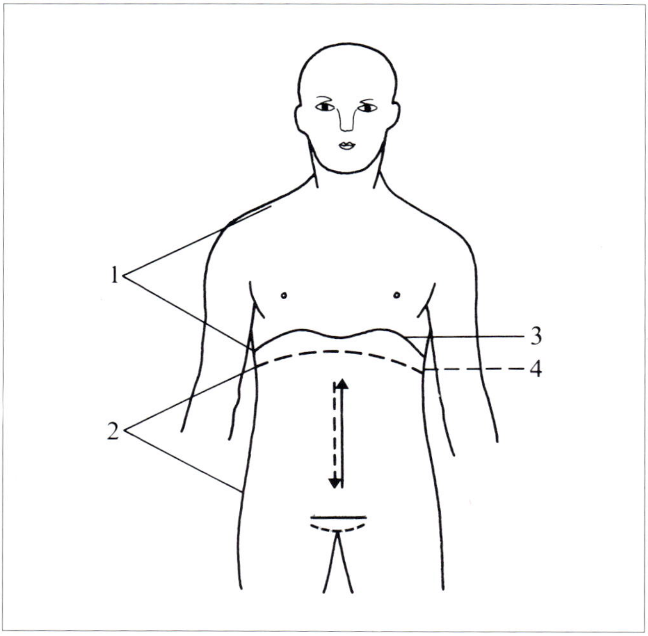

Abb. 8: Bewegung des Zwerchfells bei Ein- und Ausatmung. 1 = Brustraum, 2 = Bauchraum, 3 = Ausatmung, 4 = Einatmung.

Das Verstehen des Vorgangs, wie sich der Druck im Bauchraum während der Ein- und Ausatmung verändert, ist für die praktischen Übungen im 2. Teil des Buches sehr wichtig; denn ohne die richtige Atemtechnik werden Sie mit Ihrem BB-Training nicht den gewünschten Erfolg erzielen können.

5. *Welche Atmung unterstützt meine Bemühungen?*

Wenn Sie das vorangegangene Kapitel aufmerksam gelesen haben, konnten Sie diese Frage sicher richtig beantworten.
Jede körperliche Anstrengung, d. h. starke An-

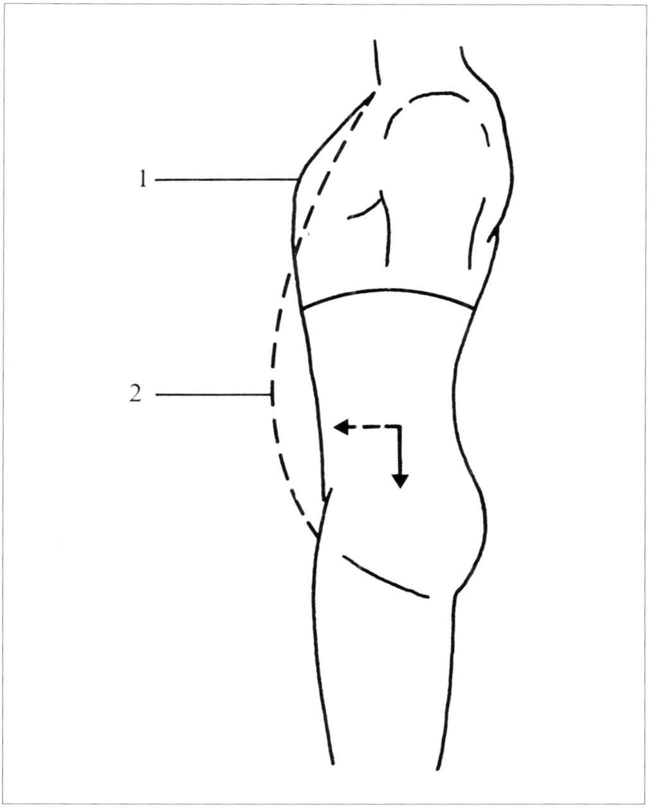

Abb. 9:
1 = Brustatmung,
2 = Bauchatmung.

spannung der Muskulatur, sei es bei der Hausarbeit, im Beruf, beim Sport und natürlich beim BB-Training, muß mit der *Ausatmung* begleitet werden, um einen zu starken Druck auf den Beckenboden zu verhindern.

Besonders schlimm ist es, wenn bei der Anstrengung die Luft angehalten wird. Der allzu hohe Druck, der dabei auch auf die Blase und den Beckenboden ausgeübt wird, könnte die Bewegung buchstäblich ins Wasser fallen lassen.

Spitzensportler wissen das und benutzen einen kleinen, aber wirkungsvollen Trick, um »Luft abzulassen«: Im Moment der größten Belastung

stoßen sie einen lauten Schrei aus. Sportinteressierte haben das bestimmt schon einmal bei Gewichthebern oder Kugelstoßern beobachtet. Nun werden Sie auch verstehen, warum eine vermehrte *Bauchatmung* einer reinen Brustatmung vorzuziehen ist. (Vgl. Abb. 9) Bei der Brustatmung ist die Bauchdecke flach und straff, bei der Bauchatmung dagegen entspannt und locker. So kann sie beim Einatmen dem sich im Bauchraum erhöhenden Druck nach vorn nachgeben. Erst bei der Ausatmung flacht sie wieder ab, da sie wie das Zwerchfell dem Unterdruck im Brustraum folgt. Bei der Bauchatmung wird also ein geringerer Druck auf den Beckenboden ausgeübt. Weiterer nützlicher Effekt der Bauchatmung: Durch das Prinzip des ständigen Wechsels von Anspannung und Entspannung beugt sie dem frühzeitigen Erschlaffen der Bauchmuskulatur vor. Um die Bauchatmung zu üben, legen Sie sich am besten auf den Rücken und legen beide Hände auf den Unterbauch. Während der *Einatmung* versuchen Sie, die Bauchdecke unter Ihren Händen zu wölben.
Später sollten Sie versuchen, die Bauchatmung so oft wie möglich einfließen zu lassen.

6. *Schweres Heben läßt sich nicht immer vermeiden*

Die Grundregel: Druckentlastung des Beckenbodens bei einer Anspannung und gleichzeitiger Ausatmung ist nicht nur für inkontinente Patienten wichtig, sondern vorbeugend für uns alle. Als Beispiel möchte ich das Heben herausgreifen. Wann immer es irgendwie möglich ist, sollten Sie schweres Heben vermeiden. Das ist aber gerade bei der Hausarbeit oder mit kleinen Kindern oft leichter gesagt als getan. Sie sollten sich daher angewöhnen, beim Heben »hau ruck«,

»hopp« oder »zu gleich« zu rufen. Dabei wird die Anstrengung von selbst immer mit der Ausatmung in Einklang stehen. Außerdem sollte die Hebebewegung aus der Hocke heraus erfolgen. Der zu hebende Gegenstand wird dabei möglichst körpernah gehalten und mit der Ausatmung angehoben. So wird nicht nur der Bekkenboden entlastet, sondern auch die Wirbelsäule geschont. (Vgl. Abb. 10 und 11)

6.1. *Die Veränderung der Belastung bei unterschiedlichen Hebetechniken*

Die Belastung der Wirbelsäule dehnt sich gleichzeitig auch auf den Beckenboden aus.
Die Unterschiede der Belastung bei richtiger und falscher Hebetechnik sollen darum noch einmal am Beispiel der aufzuwendenden Kraft verdeutlicht werden, die notwendig ist, um einen Gegenstand anzuheben. Die Abbildung 10 zeigt die falsche Hebetechnik, bei der der zu hebende Gegenstand weit vom Körper entfernt gehoben wird. Die Kraft, die dabei die Wirbelsäule belastet, beträgt 450 kg.
Die Abbildung 11 zeigt, wie man durch körpernahes Tragen die Kraft um 300 kg senken kann.

7. *Harnröhre und Harnblase*

Auf der Abbildung 12 sehen Sie die Lage der Harnblase: hinter dem Schambein und vor und unter der Gebärmutter. Aus ihr entspringt die etwa 4 cm lange Harnröhre (beim Mann ca. 20 cm), die fast senkrecht verläuft und zur Harnblase einen rechten Winkel bildet. Damit die Harnröhre durch ihren Schließmuskel richtig abgedichtet wird, muß sie auch gestreckt bleiben. Das wiederum ist zum größten Teil von einem leistungsstarken Beckenboden abhängig.

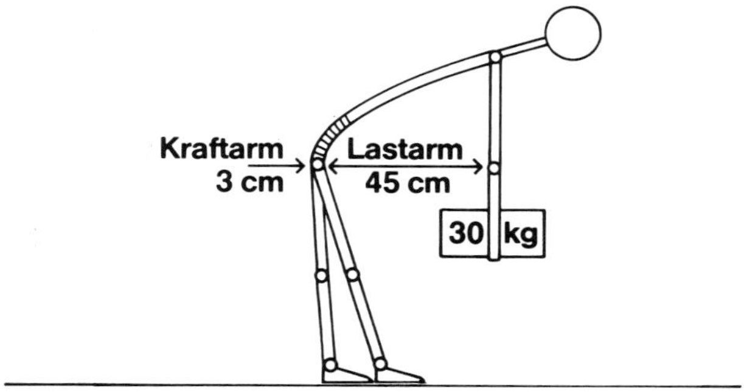

$$\begin{aligned} \text{Kraft} \cdot \text{Kraftarm} &= \text{Last} \cdot \text{Lastarm} \\ x \cdot 3\ \text{cm} &= 30\ \text{kg} \cdot 45\ \text{cm} \\ x \cdot 3 &= 1350 \\ x &= 450\ \text{kg} \end{aligned}$$

Um 30 kg zu heben, muß im Kraftarm (Kreuzbein, untere LWS) eine Kraft von 450 kg aufgebracht werden.

Abb. 10: Belastung der Wirbelsäule durch falsche Hebetechnik.

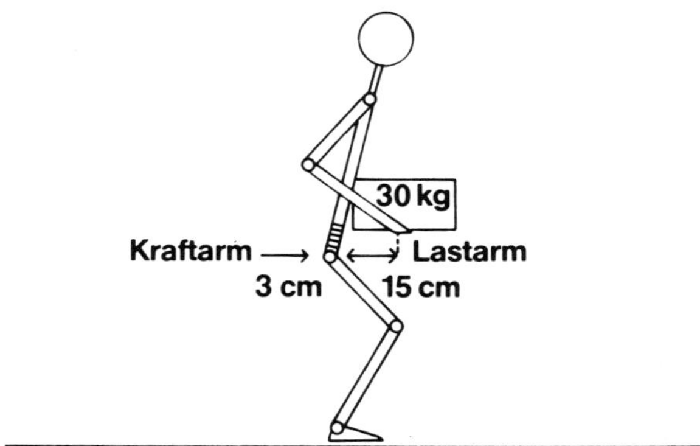

$$\begin{aligned} \text{Kraft} \cdot \text{Kraftarm} &= \text{Last} \cdot \text{Lastarm} \\ x \cdot 3\ \text{cm} &= 30\ \text{kg} \cdot 15\ \text{cm} \\ x \cdot 3 &= 450 \\ x &= \underline{\underline{150\ \text{kg}}}\,! \end{aligned}$$

Bei körpernahem Tragen reduziert sich die Kraft auf 150 kg.

Abb. 11: Richtige Hebetechnik – die Wirbelsäule wird geschont.

Blase und Gebärmutter sind zwar durch Sehnenbänder verankert, sie müssen aber zusätzlich kräftig abgestützt werden.

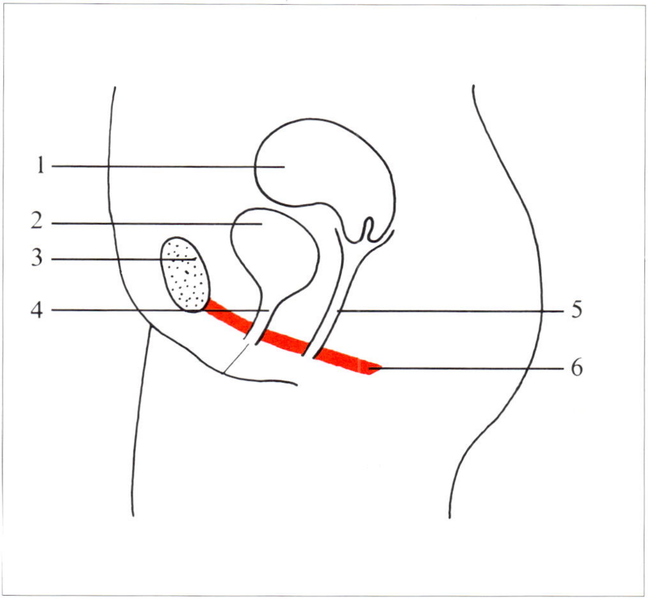

Abb. 12: Lage der Harnblase. 1 = Gebärmutter, 2 = Blase, 3 = Schambein, 4 = Harnröhre, 5 = Scheide, 6 = Beckenboden.

Bei Streßinkontinenz, also bei plötzlich erhöhtem Innendruck, gibt der schlaffe Beckenboden nach, wodurch sich die Harnblase nach hinten unten senkt. Sie bekommt eine sogenannte »Hängemattenlage«. Damit verliert auch die Harnröhre ihren senkrechten Verlauf und kann durch den Schließmuskel nicht mehr vollständig abgedichtet werden. Die Folge: Kleine Harnmengen gehen unbeabsichtigt ab.
Die Situation verschlimmert sich bei Personen, die viel sitzen oder liegen müssen. Ihr Beckenboden wird kaum belastet und dadurch geschwächt. Dasselbe gilt für eine Katheterbehandlung, bei der der Schließmuskel der Harnblase durch den eingeführten Schlauch immer offen gehalten wird.

8.
Die Lagen von Harnblase und Gebärmutter beeinflussen sich gegenseitig

Aus der Abbildung 12 geht auch hervor, daß sich die Positionen von Blase und Gebärmutter gegenseitig beeinflussen, denn die Hinterwand der Harnröhre ist mit der Vorderwand der Scheide durch Bindegewebe verwachsen. Verändert die Gebärmutter ihre Lage, zieht sie die Blase mit. Betrachten Sie Abbildung 13, so sehen Sie einen Fall, der bei Frauen – sei es durch Veranlagung oder schlaffes Bindegewebe – auftreten kann: die nach hinten gestreckte Gebärmutter. Dadurch wurde die Blase mitgezogen, und die Harnröhre verläuft nicht mehr senkrecht. Eine andere Form der Lageveränderung ist die Gebärmuttersenkung.

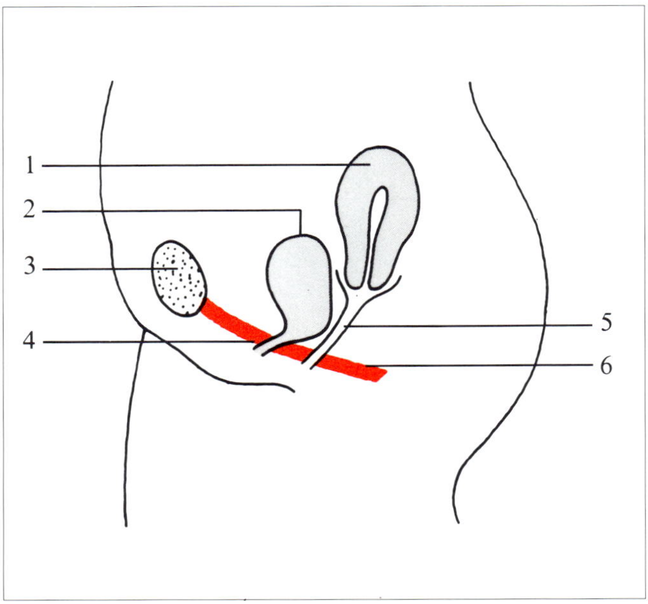

Abb. 13: Die Gebärmutter ist nach hinten gestreckt und hat die Blase mitgezogen. 1 = Gebärmutter, 2 = Blase, 3 = Schambein, 4 = Harnröhre, 5 = Scheide, 6 = Beckenboden.

Ist der Beckenboden sehr schlaff, kann die Hinterwand der Blase sogar tiefer als der Ausgang der schlaffen Harnröhre sinken. Das aber heißt, daß die Harnblase nicht mehr vollständig entleert werden kann. Es verbleibt sogenannter

Beckenboden-training

Alle Übungen auf einen Blick

schlütersche

I. Entlastung – Venenpumpübungen:

Das Herz liegt tiefer
als das Becken!

Die Druckverhältnisse in
Bauch und Becken
werden umgekehrt.

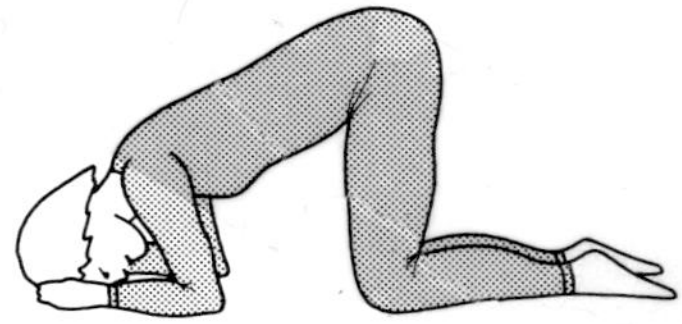

II. Den Widerstand erhöhen – Kneifübungen:

Druck des Vorfußes
gegen den Boden.

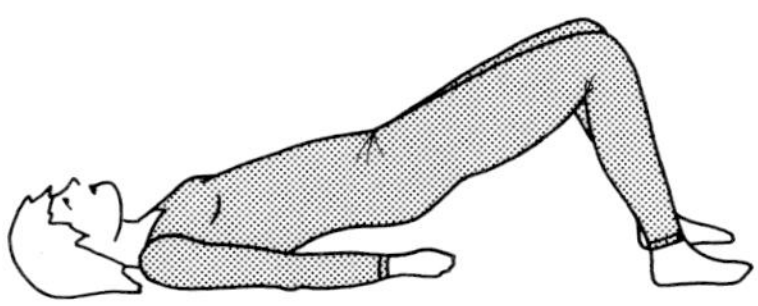

Im Stehen, Liegen oder
Sitzen gekreuzte Beine.
Fußaußenkanten
gegeneinander drücken.

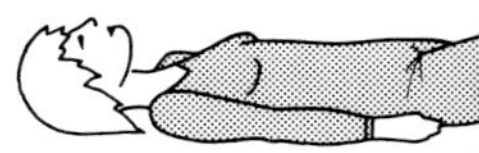

Sitzen mit rundem Rücken
erleichtert das
Zusammenziehen der
Afterregion.

Sitzen mit hohlem Rücken
erleichert das
Zusammenziehen der
Muskeln um Harnröhre
und Scheide.

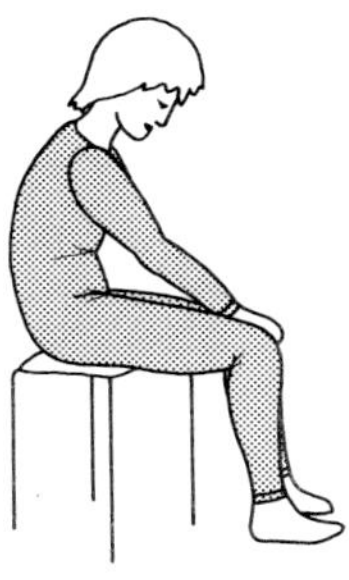

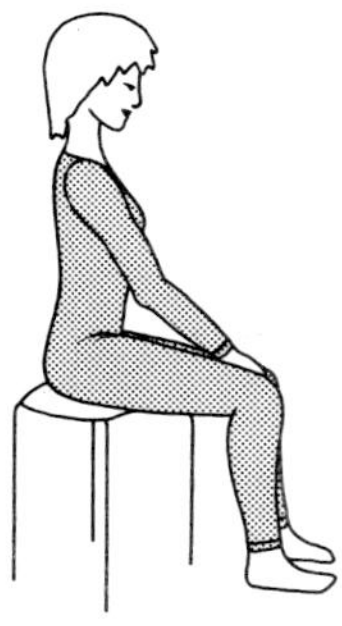

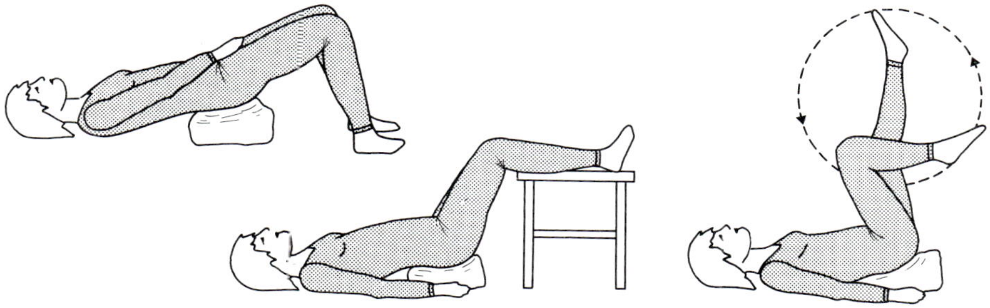

Oberschenkel bei gegrätschten Unterschenkeln zusammendrücken, gegen den Druck der Hände zu öffnen versuchen.

Üben gegen einen Widerstand im Reitersitz erleichtert das Zusammenziehen der Beckenbodenmuskulatur: feste Kissenrolle, Fahrradsitz.

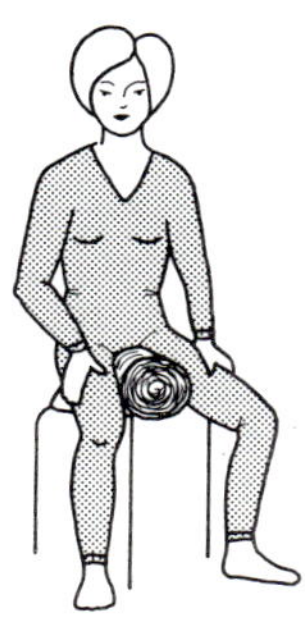

Text: Ingrid Zimmermann
Grafik: Andrea Koester

Restharn im tiefergelegenen Teil, der ständig zu Infektionen führt. Wird die Blase operativ wieder angehoben, kann der Erfolg nur von Dauer sein, wenn gleichzeitig der Beckenboden durch Gymnastik wieder gestrafft wird.

Teil II: Die Beckenbodengymnastik

Aus den vorangegangenen anatomischen Erläuterungen ergibt sich folgendes Ziel der BB-Gymnastik:
Sie dient dazu, das Gleichgewicht zwischen dem Druck von oben (also aus dem Bauchraum) und der entgegenwirkenden Kraft von unten (also der Beckenbodenmuskulatur) aufrechtzuerhalten bzw. wieder herzustellen.
Rehabilitierendes BB-Training hat daher zwei grundlegende Aufgaben:
1. Das Mildern der Belastung
2. Das Verstärken des Widerstandes.

1.1. *Das Mildern der Belastung oder die Venenpumpübungen*

Alle Übungen, die zur Entlastung des Beckenbodens führen, werden auch unter dem Begriff *Venenpumpübungen* zusammengefaßt.
Welches Prinzip ihnen allen zugrunde liegt, können Sie auf Abbildung 14 erkennen, die die »Erste-Hilfe-Übung« für alle Notfallsituationen darstellt.

Abb. 14: »Erste-Hilfe-Übung« für Notfälle.

Man beugt den Oberkörper nach unten, wodurch die Druckverhältnisse in die entgegengesetzte Richtung gelenkt werden. Als Folge tritt eine sofortige Besserung des plötzlich verspürten Harndrangs ein. Im Alltag können Sie die Übung leicht »tarnen«, indem Sie vorgeben, sich die Schuhe zuzubinden.

Bei allen Venenpumpübungen nimmt man also eine Lage ein, in der das Herz tiefer liegt als der Unterleib. Die Wirkung der Schwerkraft in umgekehrter Richtung entlastet den Beckenboden. Auf der folgenden Abbildung 15 sehen Sie eine Venenpumpübung, die durch einfache Lagerung auch gut im Bett oder auf dem Fußboden liegend durchgeführt werden kann.

Abb. 15: Venenpumpübung im häuslichen Bereich.

Dazu nimmt man die Stufenlage ein, bei der das Becken erhöht auf einer Decke oder einem Kissen ruht. Die Beine liegen angewinkelt auf einem Sessel oder Stuhl.

Bei der Radfahrübung (Abbildung 16) wird das Becken wieder durch ein Kissen oder die untergelegten Fäuste hochgelagert. Die Beine werden senkrecht gehoben und machen langsame

Radfahrbewegungen. Bei dem jeweils gestreckten Bein wird die rückwärtige Muskulatur kurz angespannt. Die Pumpwirkung der Muskelkontraktionen (= Anspannung) und die Körperlage bewirken, wie bei den vorangegangenen Übungen, einen guten venösen Rücklauf und eine Entlastung im Becken.
Ist diese Übung zu anstrengend, reicht es aus, wenn Sie im Knien den Oberkörper nach vorne

Abb. 16: Radfahrübung.

Abb. 17: Venenpumpübung ohne Anstrengung.

beugen. Mit den Unterarmen stützen Sie sich auf dem Boden ab, während der Kopf in den Händen ruht. (Abbildung 17)
Als gute Vorbeugemaßnahme gegen zu starke Belastung des Beckenbodens, Krampfadern oder zu niedrigen Blutdruck empfiehlt sich für gesunde oder junge Personen das folgende Übungsprogramm.

1. In der Rückenlage werden die Beine senkrecht gegen die Wand gelehnt.
   = Entlastung (Abbildung 18)
2. Anschließend stellt man sich aufrecht hin.
   = Belastung (Abbildung 19)
3. Dann ruht man sich auf dem Rücken liegend aus. (Abbildung 20)

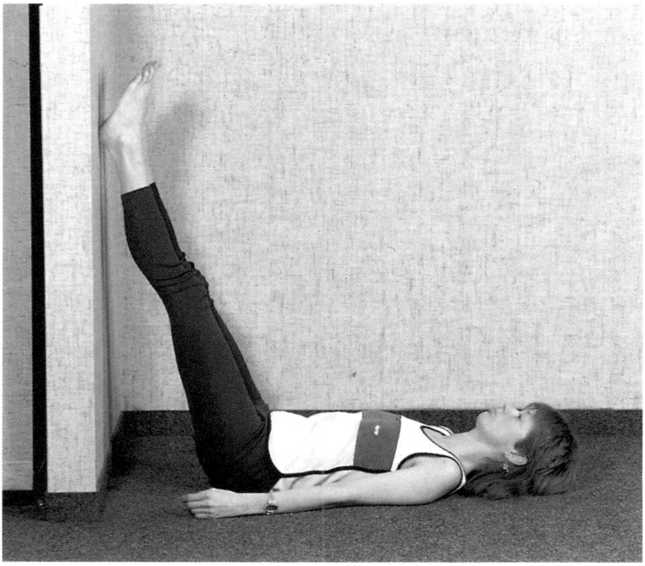

Abb. 18:
Entlastung in der Rückenlage.

Jede Übungsphase sollte ca. 20 Sekunden dauern, der gesamte Übungsablauf langsam bis zu 5 mal gesteigert werden. Wird der Kreislauf durch diese Übungen zu stark belastet, kann vor dem

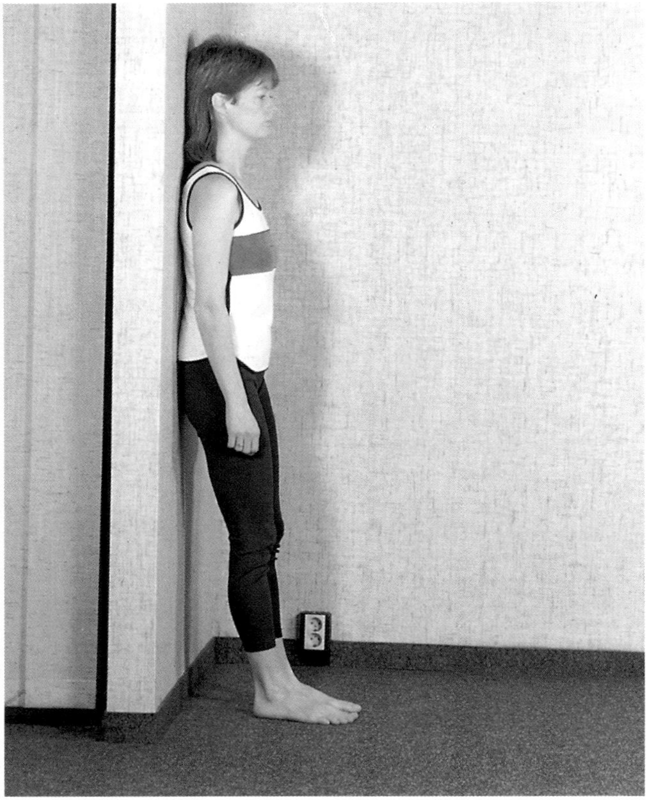

Abb. 19:
Belastung im Stand.

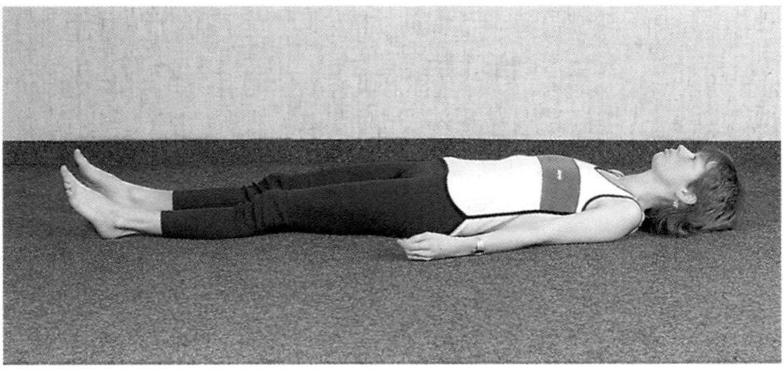

Abb. 20:
Ausruhen in der Rückenlage.

aufrechten Stehen die halbe Stellung auf einem Stuhl eingeschoben werden. (Abbildung 21) Über die Dauer der Venenpumpübungen möchte ich keine konkreten Angaben machen. Sie sollten selber ausprobieren, welche Übungen

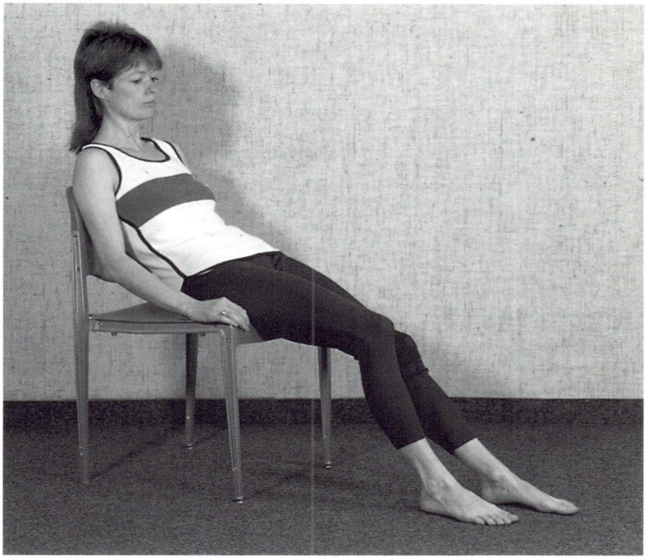

Abb. 21:
Entlastung
halb sitzend.

Ihnen angenehm sind, und deren Dauer ganz nach Ihrem persönlichen Wohlbefinden bestimmen – vorausgesetzt, daß Sie nicht an Bluthochdruck leiden. Dann nämlich sollten Sie auf die Venenpumpübungen ganz verzichten und sich statt dessen darauf beschränken, mehrmals am Tage die Beine hochzulegen. Das hat eine ähnliche Wirkung wie die Venenpumpübungen, belastet aber den Kreislauf nicht.

1.1.1. *Eine gleichmäßige, gute Atmung darf nicht vergessen werden*

Bei allen Übungen sollten Sie auf eine gleichmäßige Atmung achten.
Legen Sie dabei besonderen Wert auf eine tiefe Ausatmung, damit sich das Zwerchfell weit in den Brustraum wölben kann. Nach einer bewußten Ausatmung erfolgt automatisch eine vertiefte Einatmung. Denken Sie dabei noch einmal an das Kapitel über die Bauchatmung und versuchen Sie, die Bauchdecke weich zu lassen, damit sie dem Druck nachgeben kann.

Der ständige Wechsel zwischen Anspannung und Entspannung von Zwerchfell und Bauchdecke während der Atembewegung läßt zusätzlich wieder eine Pumpwirkung auf den venösen Rücklauf entstehen, was eine Entlastung des Herzens bedeutet.

1.2. *Das Verstärken des Widerstandes oder die Kneifübungen*

Unter dem Begriff *Kneifübungen* werden Übungen zusammengefaßt, die der Kräftigung des Beckenbodens dienen, d. h. seinen Widerstand gegen den Druck im Bauchraum verstärken.
Wird ein größerer Widerstand ganz plötzlich notwendig, z. B. beim Niesen oder Husten, kneift man im Stehen, Liegen oder Sitzen die übereinandergeschlagenen Oberschenkel fest zusammen. Wenn es die Situation erlaubt, kann man den Gegendruck von unten zusätzlich mit der Hand verstärken.
Für alle Kneifübungen gilt, daß man zu Beginn einatmet und beim langsamen Ausatmen die Beckenboden- und Gesäßmuskulatur ganz fest um alle Öffnungen zusammenkneift, als wollte man After, Scheide und Harnröhre ganz fest verschließen. Je mehr Luft ausgeatmet wird, um so mehr sollte die Spannung zunehmen und zuletzt für 5–10 Sekunden anhalten. Während der Einatmung sollten Sie alle Spannung wieder lösen und sich eine kleine Ruhepause von mehreren Atemzügen gönnen. Mit Beginn einer Ausatmungsphase spannen Sie erneut die Muskulatur stark an, die Übung beginnt von vorn.

1.3. *Passive Übungen nach Operationen*

Bei schweren Erkrankungen oder nach Operationen sind Patienten häufig nicht in der Lage, das BB-Training selbst aktiv durchzuführen. Sie

sollten dennoch so früh wie möglich mit passiven Übungen beginnen, die sie auf ein später einsetzendes aktives Training vorbereiten.
Daher richten sich die folgenden Anleitungen an alle Pflegenden, da die Patienten bei diesen Übungen ihrer Hilfe bedürfen.

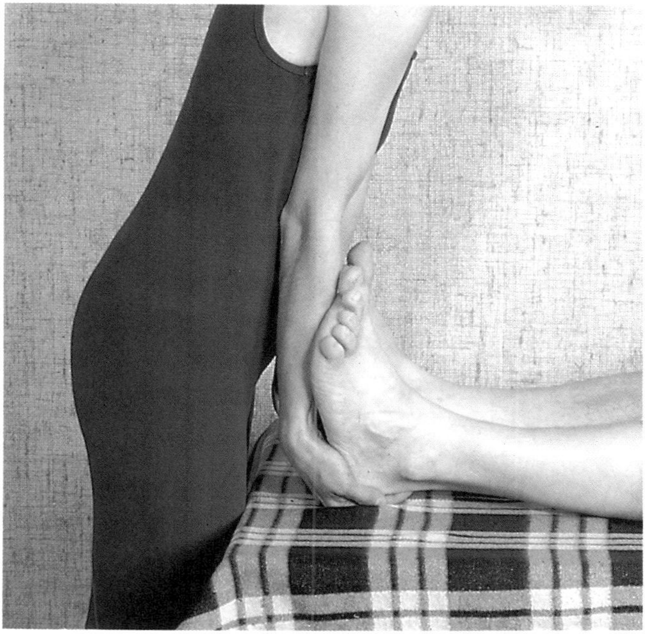

Abb. 22: Passive Übung – Druck auf die Füße.

Auf der Abbildung 22 sehen wir eine Patientin in Rückenlage. Die Beine sind gestreckt. Der Pflegende umfaßt mit beiden Händen die Fersen der Patientin und stützt die Fußsohlen gegen seine Unterarme ab.
Die Füße bilden einen rechten Winkel zum Unterschenkel.
Während der *Ausatmung* der Patientin übt der Pflegende einen leichten bis mittleren Druck auf die Füße aus, der über die Knochen und die Muskulatur der Beine ins Becken weitertransportiert wird und den Beckenboden stimuliert.

Eine andere passive Übung sehen Sie auf der Abbildung 23.

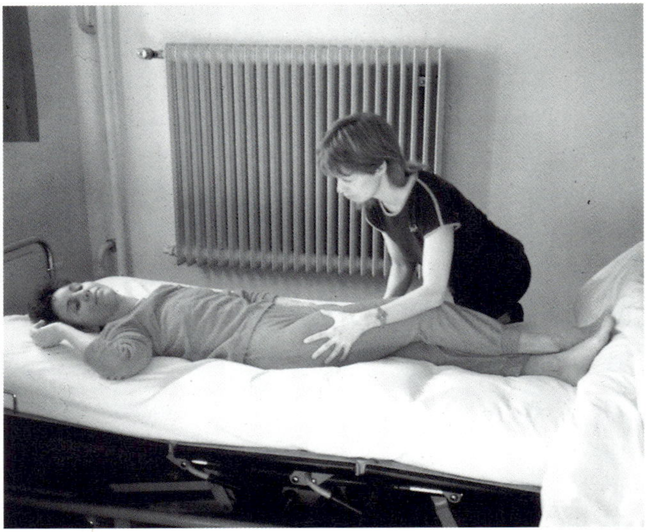

Abb. 23:
Passive Übung mit gekreuzten Beinen.

In Rückenlage werden die Beine gekreuzt. Mit der *Ausatmung* der Patientin drückt der Pflegende ihre Oberschenkel kräftig zusammen.
Diese aktivierenden Übungen sollten mehrmals täglich durchgeführt werden.

1.4. Übungen im Bett

Wer viel im Bett liegen muß, sich aber für eine leichte Belastung kräftig genug fühlt, kann es mit diesen Übungen versuchen.
Die gestreckten Beine werden gekreuzt, die Fußaußenkanten liegen gegeneinander. Mit der Ausatmung werden die Beine fest gegeneinander gepreßt und alle Öffnungen im Beckenboden fest verschlossen.
In der Rückenlage werden die Beine angestellt. Während der Entspannungsphase (Einatmung) hebt sich die Lendenwirbelsäule naturgemäß etwas von der Unterlage ab. (Vgl. Abbildung 24)

Während der Anspannungsphase (Ausatmung) drückt man die Lendenwirbelsäule und das Kreuzbein fest gegen die möglichst harte Unterlage. Selbst wenn man im Zusammenziehen des Beckenbodens noch nicht so gut ist, werden bei dieser Übung die Beckenbodenmuskeln automatisch mit kontrahiert. (Abbildung 25)

Abb. 24: In der Entspannungsphase hebt sich die Lendenwirbelsäule.

Abb. 25: In der Anspannungsphase wird die Lendenwirbelsäule gegen eine harte Unterlage gedrückt.

1.5. *Übungen im Sitzen*

Für Patientinnen, die im Bett sitzen können, eignet sich die folgende Übung:
Das Kopfende des Bettes wird zur Unterstützung des Rückens hochgestellt. Die Beine sind angewinkelt, die Unterschenkel gegrätscht. Die Knie berühren sich und werden seitlich mit den

Händen umfaßt. Während der Ausatmung wird mit den Händen Druck auf die Knie ausgeübt, die man gleichzeitig zu öffnen versucht. (Abbildung 26)

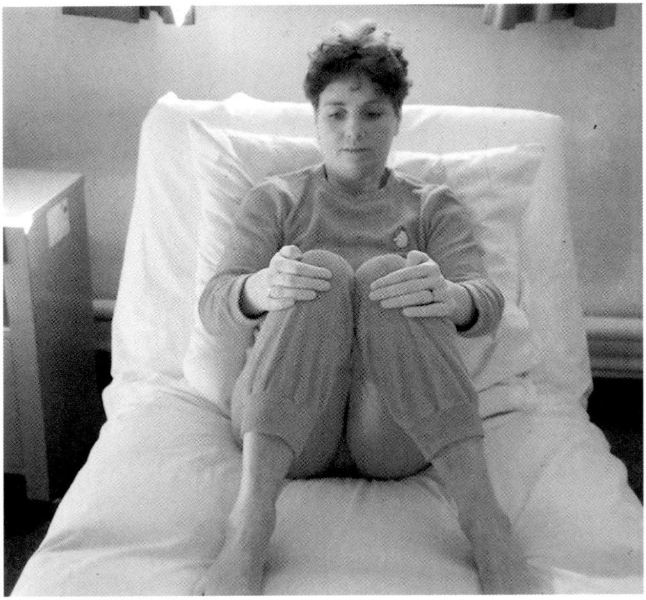

Abb. 26: Beim Ausatmen mit den Händen Druck auf die Knie ausüben.

Je nach Gesundheitszustand kann diese Übung auch im freien Sitz, d. h. ohne Unterstützung des Rückens, auf dem Boden ausgeübt werden. (Abbildung 27)
Die folgenden drei Übungen werden ebenfalls im freien Sitz durchgeführt.
Setzen Sie sich auf einen möglichst harten Stuhl, und machen Sie einen runden Rücken. Achten Sie dabei darauf, sich möglichst auf den hinteren Teil des Gesäßes zu stützen, also hinter den Sitzbeinhöckern zu sitzen. Wenn Sie nun während der Ausatmung die Beckenbodenmuskeln zusammenziehen, werden Sie feststellen, daß in dieser Sitzposition das Zusammenziehen der Afterregionen erleichtert wird. (Abbildung 28)

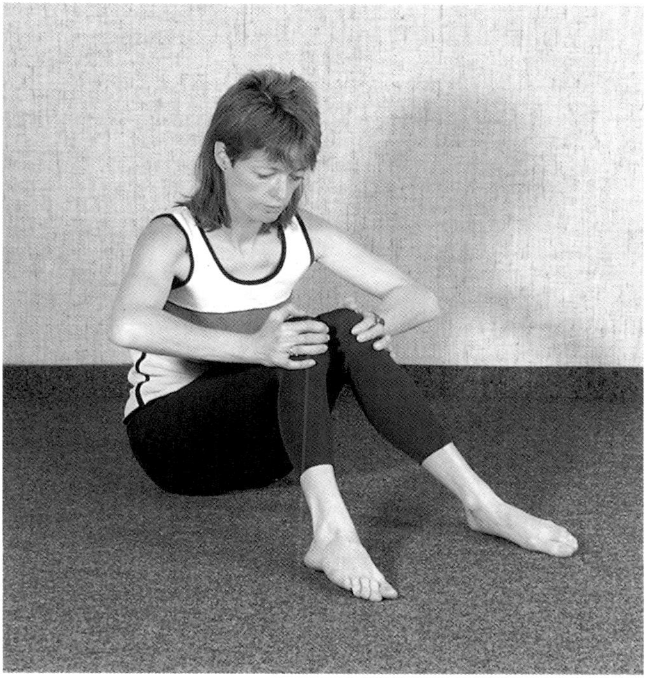

Abb. 27:
Die gleiche
Übung auf
dem Fußboden.

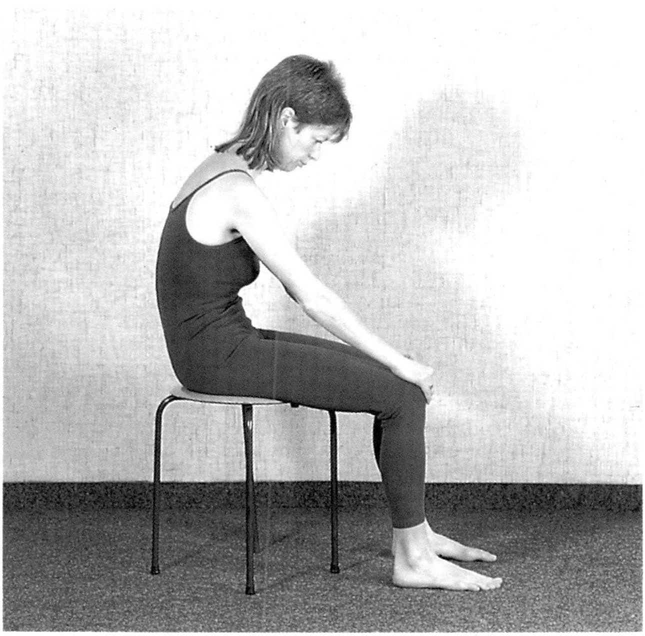

Abb. 28:
Beim Ausatmen
werden die
hinteren BB-
Muskeln
zusammen-
gezogen.

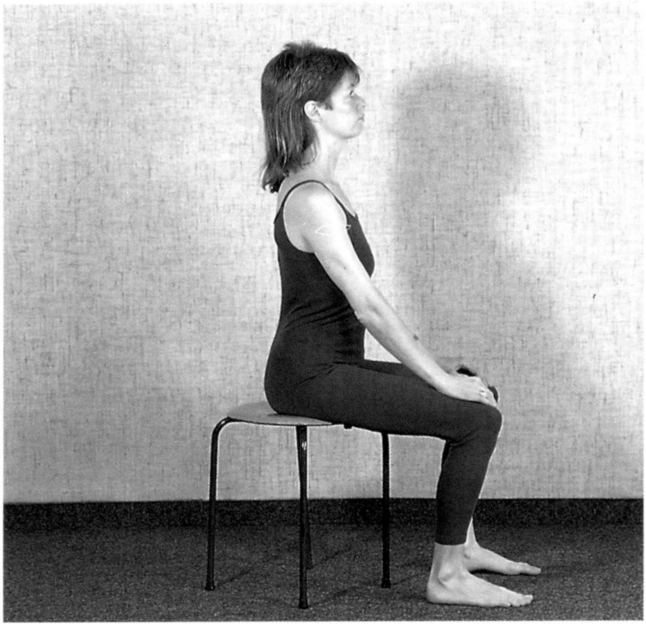

Abb. 29:
Anspannen der vorderen BB-Muskeln.

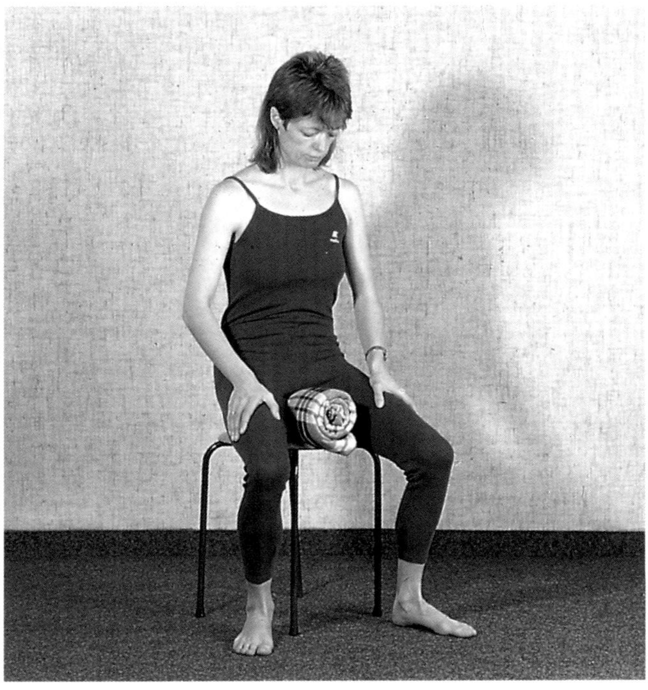

Abb. 30:
Reitersitz.

Beim Sitzen vor den Sitzbeinhöckern, also in einer Hohlkreuzhaltung, wird das Anspannen der vorderen Beckenbodenmuskulatur um Scheide und Harnröhre herum gefördert. (Abbildung 29)

Beim Üben im Reitersitz auf einer festen Handtuchrolle wird die Anspannung durch den gezielten Gegendruck erleichtert. Die Rolle ist, ähnlich wie die zwischengelegten Hände oder ein Fahrradsitz, eine gute Orientierungshilfe, in welchem Bereich kräftig angespannt werden soll. Denken Sie also bei Ihrer nächsten Fahrradtour daran, ab und zu eine Kneifübung auf dem Fahrradsitz zu machen. So tun Sie nicht nur etwas für Ihren Kreislauf, sondern trainieren gleichzeitig – und unbemerkt – Ihren Beckenboden. (Abbildung 30)

1.6. *Übungen im Stehen oder Sitzen in alltäglichen Situationen*

Kneifübungen im Stehen oder Sitzen mit übereinandergeschlagenen Beinen können bei den verschiedensten Gelegenheiten angewendet werden und erfordern keine zusätzliche Übungszeit. Die folgenden Abbildungen sind nur als Anregung gedacht, weil jedem sicher noch viele andere Situationen einfallen, in denen schnell eine Kneifübung eingeschoben werden kann.

2. *BB-Training für Schwangere*

Wie schon zu Beginn dieses Leitfadens erwähnt, können Frauen aller Altersstufen an Streßinkontinenz leiden. Bei jungen Frauen tritt sie besonders in und nach einer Schwangerschaft auf, weil der Beckenboden in dieser Zeit durch das zunehmende Gewicht des Kindes sehr beansprucht wird. Darüber hinaus wird die BB-Muskulatur während der Geburt stark gedehnt

Abb. 31:

Abb. 32:

Abb. 33:

Abb. 31, 32, 33: Kneifübungen im häuslichen Bereich.

und mit ihr auch die Schließmuskeln der Scheide und der Harnröhre. Sie dichten dann diese Körperöffnungen nicht mehr richtig ab, so daß Bakterien leichter in die Harnblase und die Gebärmutter aufsteigen können. Darum sollte jede Frau schon zu Beginn der Schwangerschaft mit der Beckenbodengymnastik beginnen. Dies gilt sowohl für die Venenpumpübungen als auch für die Kneifübungen. Die letztgenannten Übungen sind vor allem zur Vorbeugung von Infektionen sehr empfehlenswert. Auch nach der Entbindung darf das Training nicht vernachlässigt werden, denn sonst kann es später, so etwa mit 40 oder 50 Jahren, zur Inkontinenz kommen. Der Grund: Zu der vorhandenen Schwäche der BB-Muskulatur kommt allmählich die durch den Alterungsprozeß entstehende allgemeine Muskelschwäche hinzu. Übergewicht und zu wenig Bewegung tun ihr übriges. Das bedeutet, daß auch Frauen, die nie entbunden haben, mit zunehmendem Alter immer häufiger an dieser Inkontinenzform leiden, wenn die Muskulatur nicht trainiert wird.

3. BB-Training auch für Männer?

Naturgemäß ist der Beckenboden bei den Männern nicht so stark belastet, und die Streßinkontinenz tritt daher in jungen Jahren so gut wie gar nicht auf. Erst mit zunehmendem Alter werden die Schwierigkeiten beim Wasserlassen häufiger. Dabei stehen vor allem die Vergrößerung oder Krankheiten der Prostata im Vordergrund.

Durch die allgemeine Muskelschwäche, besonders nach einem Arbeitsleben mit vorwiegend sitzender Tätigkeit, Übergewicht und zu wenig körperliche Bewegung wird auch beim Mann

der Beckenboden schwächer. Er gibt mit der Zeit nach, und die Harnblase verändert ihre Lage. So kommt es u. a. zu den schon beschriebenen Schwierigkeiten. Darum ist das BB-Training auch für derart betroffene Männer zu empfehlen.
Venenpumpübungen können von Männern zur Vorbeugung oder als Rehabilitationstraining bei Krampfadern und Hämorrhoiden, zur Kreislaufstabilisierung oder allgemein zur Förderung des venösen Rückflusses durchgeführt werden.
Kneifübungen sind zur Stärkung des Beckenbodens besonders nach langer Bettlägerigkeit oder nach einer Dauerkatheterbehandlung unbedingt anzuraten.

4.
Sind alle Übungen notwendig, um Erfolg zu haben?

Ich habe bewußt nicht alle Übungen beschrieben, die es beim BB-Training gibt. Es erschien mir wichtiger, das *Warum* zu erklären, damit die Übungen aus der Einsicht und dem Verständnis heraus richtig durchgeführt werden. Dies ist für die Behebung von Inkontinenzproblemen entscheidender als eine große Übungsvielfalt. Wenn Sie nur eine bestimmte Venenpumpübung und eine Kneifübung herausgreifen, mit der Sie besonders gut zurechtkommen, diese dafür aber um so häufiger durchführen, werden Sie die positive Wirkung des BB-Trainings bald spüren. Das sollte Sie ermutigen, Ihre Übungen regelmäßig durchzuführen und sie zur Gewohnheit werden zu lassen. Denn mit der wenigen Mühe, die Sie die BB-Gymnastik kostet, können Sie dennoch wirksam einem Alter mit zunehmender Inkontinenz und den damit verbundenen körperlichen und seelischen Problemen vorbeugen.